MIS MEMORIAS
EN ORITUPANO

MIS MEMORIAS EN ORITUPANO

José Gregorio González García

Para pedidos de copias adicionales de este libro, por favor contacte con:
Palibrio
1663 Liberty Drive
Suite 200
Bloomington, IN 47403
Gratis desde EE. UU. al 877.407.5847
Gratis desde México al 01.800.288.2243
Gratis desde España al 900.866.949
Desde otro país al +1.812.671.9757
Fax: 01.812.355.1576
ventas@palibrio.com
431363

ÍNDICE

AUTOBIOGRAFIA

Mi nombre es José Gregorio González García. Nací en El Tigre, Estado Anzoátegui – Venezuela. Un 21 de marzo de 1958.

Soy el cuarto de siete hijos de mis Padres: Jesús González y Petra de González.

Mis estudios Primarios los realice: 1er y 2do Grados en la Escuela Privada Eduardo Viso en Oritupano, Estado Monagas.

3ro, 4to, 5to y 6to Grados en el Grupo Escolar Estadal Estado Trujillo en El Tigre, Estado Anzoátegui.

Estudios Secundarios en: 1ero, 2do y 3er año en El Liceo Dr. José Rafael Revenga (Ciclo Básico) y 4to y 5to año en El Liceo Briceño Méndez (Ciclo Diversificado). El Tigre, Estado Anzoátegui, Obteniendo el título de Bachiller en Ciencias.

Estudios Universitarios. Primeramente comencé en la Universidad de Oriente en Cumana, Estado Sucre. Pero no pude continuar allí.

Me fui a Los Estados Unidos de Norte América, específicamente a Crete, Nebraska, Estado de Nebraska. Allí estudie el idioma Ingles por un año. Primeramente, empecé mi carrera universitaria en Southeast Community College en Fairbury, Nebraska. Obteniendo el título de Técnico Superior en Administración. Luego, continúe mi carrera universitaria en Kearney State College, en Kearney, Nebraska. Recibiendo el título de Licenciado en Administración Comercial y una Especialización en Economía. Finalmente, obtuve La Maestría en Ciencias Educativas Administrativa (Especialización en Negocios). Universidad de Nebraska en Kearney. Kearney, Nebraska.

Trabajé casi 15 años en la Industria Petrolera Venezolana. Como Administrador en El Departamento de Perforación de Teikoku Oil Venezuela y Teikoku Oil de Sanviguere compañía Japonesa.

E igualmente como Superintendente en el Departamento de Materiales en Evertson International de Venezuela compañía de Taladros Norteamericana.

Fui Profesor y Coordinador del Departamento de la Gerencia de Logística en la Universidad Experimental Nacional de las Fuerzas Armadas Bolivariana (Unefa) en San Tome, Estado Anzoategui. Por cinco (5) años.

Me casé en Albion, Nebraska. Estados Unidos de Norteamérica con Tamera Jean Falk de González hace 23 años. Tengo dos (2) hijas y un hijo: Jessica Jeanne (17), kendra Jesulyn (15) y Ronald Jesús (12) años, respectivamente.

Soy una persona sincera, humilde y transparente, amigos de los amigos.

Este libro es dedicado a mi esposa Tammy,
A mis hijas Jessica y Kendra.
Y
A mi hijo Ronald Jesús.
Tambien, a mis hermanos: Alberto, Carlos,
Jesús y Alfredo y hermanas: Aurelia y Darcy.

Den gracias al señor,
Porque el es bueno,
Su gran amor perdure para siempre.
Salmo: 118-1

"La amistad es más fuerte que la fortuna."

Simón Bolívar

PROLOGO

En este libro les voy a contar mi vida cuando yo era un niño en Oritupano.

Todas las historias contadas aquí fueron reales de hechos, anécdotas, chistes y otros acontecimientos de las personas que vivían en este pequeño y hermoso Campo Petrolero.

Mi vida en este campo fue corta pero me pareció haber vivido tanto tiempo por todas las cosas buenas ocurridas en este bello y placentero lugar petrolero.

Espero este libro sea el comienzo para que otras personas que vivieron en Oritupano, continúen escribiendo sus historias.

Cabe destacar que las mayorías de las personas aquí citadas tenían sobrenombre como símbolo de cariño por parte de la gente de Oritupano.

Espero tratar de nombrar a todas las personas que allí vivieron y el cual por supuesto tuvimos contactos alguna vez en este campo.

Este será un regreso al pasado, espero tenga un buen recibimiento por parte de ustedes (Oritupanenses), y así puedan recordar mientras leen a través de este libro, a un cuando la historia sea relatada por alguien diferente a ti.

Y a todas aquellas personas que por interes a la lectura, tengan un momento de esparcimiento y se entretengan con los chistes, anecdotas y sobre todo con los acontecimientos alli vividos.

En honor a mi preciosa madre Petra María

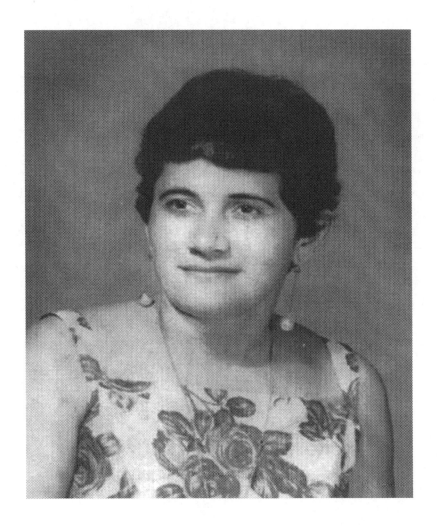

Y a la memoria de
Mi padre Jesús González Carpio.
Q.E.P.D

EN LA ESCUELA

La mejor forma de empezar a contar mi vida en Oritupano, tiene que partir desde la Escuela. Primero, empecé el kínder con la maestra Señorita Sara, así era que ella nos dijo que la llamaran. Sinceramente no recuerdo mucho acerca de las clases allí, lo que si recuerdo que esta formó gran parte de mi aprendizaje, porque cuando fui a el primer grado, ya iba bastante adelantado.

En Primer Grado fue en la Escuela Privada Eduardo Viso, con la maestra Carmen Josefina de Rueda, esposa de Esner Ruedas Carpio.

La maestra Carmen Josefina era una persona de carácter fuerte, que al principio yo le tenía bastante miedo. Pero a medida que transcurría el año escolar me di cuenta de que ella era una excelente e inteligente educadora, me enseño bastantísimo que al final resulté siendo uno de los mejores estudiantes del salón de clase.

Recuerdo que la mejor estudiante de la clase fue Yadira Pineda y su nota final fue de 20 puntos y la nota mía fue la segunda mejor nota con 19 puntos. También recuerdo a la "Nena" Domínguez como buena estudiante. A su vez obtuve un Diploma como en virtud de mi comportamiento ejemplar en el año escolar que termino en 1966. A aun conservo la nota final de mi primer grado.

En Segundo Grado, las cosas fueron diferentes, esta vez el mejor estudiante del salón fui yo con 20 puntos. Yadira obtuvo 19 puntos. Yo me sentí muy orgulloso con esa nota, como también mis padres.

En esos dos (2) años de estudios primarios aprendí mucho y compartí con mis amigos y amigas de infancia, hoy día a pesar de tantos años nos mantenemos en comunicación, a veces cuando nos vemos compartimos de aquellos momentos felices de nuestras vidas escolares. E igualmente algunas veces veo a la maestra Carmen Josefina caminando en El Tigre, desde la urbanización Los Cocales hasta el Cada, en la Intercomunal vía El Tigrito, por supuesto junto a su esposo Esner, ya con unos años encima.

Les puedo decir dolorosamente que hace a penas un año tuve que deshacerme de todos los papeles y carpetas que a un conservaba de mis estudios primarios en Oritupano.

Estas carpetas estaban deterioradas por el tiempo en el baúl de los recuerdos. Esperé que mi hijo e hijas crecieran para enseñárselos y fue lo que realmente hice. Una vez que compartí con ellos todas mis escrituras, dibujos, artes etc., los desaparecí. Pero a un conservo mi diploma como comportamiento ejemplar de primer grado firmados por la maestra carmen Josefina de rueda y el director Omar Rodríguez Osuna. El ex director de la Escuela, se encuentra viviendo en El tigre hoy día. Algunas veces lo vemos y empezamos a hablar con el recordando los tiempos de Oritupano.

Una de las mejores anécdotas vivida en primer grado fue cuando yo estaba leyendo un capitulo correspondiente a ese día de clase y de repente le pega un olor asqueroso a la maestra Carmen Josefina y me pregunto: Goyito quieres ir al baño? Y yo le respondí nerviosamente que no. Pero el olor se incrementó y se expandía por todo el salón de clase. Ella me olfateó varias veces y no encontró nada. Ella le pregunto a la clase que quien quería ir al baño y todos respondieron negativamente. Pero cerca de mi estaba Pablito que era el próximo lector del capitulo, la maestra brava empezó a oler a todos uno por uno y el ultimo fue Pablito, que estaba paradito esperando su turno y la maestra le preguntó; Pablito te hiciste pupú y el nerviosamente viendo para todos los lados y con un tono de voz quebrado dijo que si. Bueno el Pablito estaba todo chorreado por la parte trasera de su pantalón. Lo enviaron al baño, luego vino su representante mas tarde y se lo llevó a su casa. La maestra Carmen Josefina me pidió disculpas.

AMIGOS DE INFANCIA

En mi vida común diaria fue fundamentalmente amigable. Yo tuve bastantes amigos y amigas pero entre ellos había uno que era el malandro del grupo, su nombre Danilo Castro, tuvimos la virtud de pelear casi todo el tiempo que compartíamos juntos. Yo creo que gané todas las peleas entre nosotros dos. Si tienen duda le pueden preguntan a el.

La única pelea que creía que había perdido fue realizada debajo de las matas del club de Oritupano. En esa pelea nos dimos bastantes golpes y forcejeamos bastante, que al final ya cansado tuve que salir corriendo por que me vi, la boca media rota. Llegue a mi casa a lavarme y quede como nuevo. Al salir a la puerta de mi casa vi a Danilo que iba pasando, le vi la cara y estaba hinchada y me asusté, yo pensé que se iba a morir. Pero al otro día la cara de Danilo había mejorado bastantísimo. Danilo y Yo a pesar de tantas peleas fuimos y somos amigos. Nunca nos pusimos bravos después de tantas peleas.

Hablando de pelea, otra que tuve fue con José Gregorio Pereira, era mucho más alto que yo; Nos encontrábamos en la cancha de bolas de criollas del Club de Oritupano, después brincar de un lado a otro, José Gregorio, se agachó a agarrar una bola para pegármela, en el momento que se agachó aproveché y le pegué en la cara y lo tiré de largo a largo (El dijo que se resbaló), salí corriendo antes que se parara, porque de otra forma iba a perder esa pelea. Como siempre digo esas peleas fueron de muchachos.

José Gregorio Pereira imponía miedo todo el tiempo, porque de nada se ponía bravo. Nosotros siempre decíamos: paren la echadera de broma que allí viene José Gregorio. Hoy día José Gregorio sigue siendo mi amigo.

Yo peleaba con casi todos mis amigos y nadie me ganaba. La única pelea que realmente perdí fue con William Díaz. Estábamos jugando con las amigas de nosotros como eran Yadira y Yesenia Pineda, Vilma (Q.E.P.D) e Ivonne García. El juego era de Papá y Mamá.

William era el esposo de Yesenia Pineda y yo el de Yadira Pineda, supuestamente el llegó borracho y me invitó a pelear, yo le decía que no queria pelear, entonces William me lanzó un golpe en la cara y me zumbó al suelo, todas las muchachas corrieron a ver que había pasado conmigo, yo les dije que no había pasado nada. William estaba asustado y me preguntó que si me sentía bien, le contesté que si. También me dijo "recuerda que eso es jugando" era la primera vez que alguien realmente me tumbaba. Finalmente decidimos no jugar más de borracho en papá y mamá.

Nosotros jugábamos toda clase de juego, pero nunca le faltamos a nadie. Siempre respetamos a todas las muchachas. Pero en el grupo había uno que no respetaba a nadie y ese era nada y nada menos que mi contrincante de boxeo, Danilo Castro. Las muchachas nos decían vamos a jugar de papá y mamá pero sin Danilo y yo inocentemente les preguntaba porque? Ella me respondieron:" Danilo es muy peligroso".

De todos mis amigos el que era inseparable y todavía hoy lo es William Díaz. William y Yo no solamente jugamos desde niño, si no que hablábamos de lo que queríamos ser cuando crezcamos. Cuando mi familia se mudo a El Tigre, yo iba a Oritupano a buscarlo y fue mejor cuando ellos se vinieron a vivir a El Tigre, porque así estábamos juntos todo el tiempo.

Hoy día Williams es un abogado de nuestra República y el cual me siento orgulloso. Cuando estamos juntos siempre recordamos los tiempos de niños en Oritupano.

Otros de los amigos mío fue Francisquito, estudiamos primero y segundo grado, el vivía a dos casas de la mía. Nosotros siempre jugábamos juntos picha, trompo y pelota. El tiempo paso y nosotros perdimos contacto, hoy día Francisquito vive en El Tigre y trabaja en PDVSA, San Tome.

Lamentablemente, aun viviendo cerca no tenemos el contacto que deberíamos de tener. Si pertenecemos a esa infancia linda como fue la Oritupano.

Por supuesto no puedo de dejar de nombrar a Yadira Pineda, la cual era mi fuerte contrincante en los estudios. Compartimos una infancia bien bonita, estudiamos juntos y jugamos bastante hasta dormimos juntos en la misma cama, pero como niños. Yadira, tuvo un tiempo viviendo en El Tigre, pero se fue con su familia a vivir en Chichiriviche, Estado Falcón. Yadira era una niña muy inteligente.

No tenemos el contacto que deberíamos tener, pero si el recuerdo bello que nos quedo de esa hermosa infancia en Oritupano.

Otro de mis amigos que siempre andaba conmigo y con William era su hermano Hernán, el cual yo lo decía "Hernanga" con cariño, a el no le gustaba, pero siempre lo llamaba así. Hernán se caracterizaba por ser una persona callada y siempre lo que hacía era escucharnos.

Yo siempre iba a Valle De La Pascua con mi Familia y cuando regresaba de allá, yo traía bastante historia que contar; pero todas esas historias eran inventadas por mí, solamente para tener algo que contarles a los muchachos, especialmente a Hernán, que me preguntaba que le contara algo. Entonces yo reunía a William, Danilo y Hernán juntos detrás de la casa de los Díaz y empezaba con las historias. Todas esas historias era de las películas que yo había visto anteriormente en Valle De La Pascua. Por ejemplo: Las de Pedro Infante, Miguel Aceves Mejías, Antonio Aguilar etc.

Hasta llegue decirle que fui a Méjico y que había visto a Antonio Aguilar y a Miguel Aceves Mejías. No les dije que había visto a Pedro Infante porque ya estaba muerto. Ellos me preguntaban y como son ellos? que hacían? Pero todo eso que hice los entretenía a ellos y todavía recuerdo la cara y las preguntas que me hacían a medida que les contaba la historia, a veces venían preguntas difíciles que casi me agarraban el embuste, pero lo más importante de esto, era la unión que había entre nosotros.

Y como cosas del destino, tuve la oportunidad de ir Méjico cuando yo era atleta como Velocista y representante de Venezuela. Cuando regrese de esa gira por Méjico, William y Hernán me dijeron "por fin fuiste a Méjico Goyito".

Una vez más les puedo decir que ellos también son mis hermanos de infancia.

Había otra persona que no compartió conmigo, quizás porque yo era muy pequeño, ese era el "Pochocho" Ángel Malave. Lo nombro en este libro porque aunque no compartí mucho tiempo con el, si estaba pendiente de lo que el hacia, porque el era una persona muy chistosa y echador de broma. Recuerdo cuando el estaba con mis hermanos echando chistes, el siempre era la atracción del show y yo gozaba viendo al pochocho.

La última vez que lo vi, fue en el Banco Mercantil de El Tigre. Yo estaba con mi mamá y de repente atrás en la cola estaba alguien gritando "Este no es Goyito?", "El Goyito? Chico!" y de repente reventó diciendo y "donde esta el maldito Vitamina? (Todo eso fue en tono cariñoso) en medio de todas esa gente en el Banco. Como ustedes saben Vitamina es el sobre nombre de mi hermano menor Alfredo González. Yo le dije a mi mama ese pochocho es loco, no se acomoda nunca.

La gente en el Banco lo miraba de arriba y abajo como diciendo de donde salio este loco? Bueno ese era el Pochocho. Creo que muchas gentes que rodeaba a el Pochocho, tuvo la oportunidad de disfrutarlo.

Otro de los personas que también recuerdo mucho es el Pedro Díaz hijo (Pedrito). Pedrito era y es una persona muy echadora de broma. Recuerdo que yo siempre cargaba un peine en los bolsillos para peinarme, cada vez que la brisa u otra circunstancias lo ameritaban, entonces Pedrito me preguntaba "Goyito porque tu siempre te peinas" yo le respondía: "porque no quiero emburusarme" (despeinarme). "Así es la cosa" respondió Pedrito. Cuando terminaba de hablar con Pedrito y antes de irse el me despeinaba el pelo y yo le respondía casi llorando, Pedrito "por favor no me emburuses el pelo" Bueno aquello era para Pedrito una risa a carcajada. Cuando yo veía que venia Pedrito caminando en la misma acera, yo me cambiada de acera para que no me emburusara el pelo.

Cuando yo tenía como doce años ya viviendo en El Tigre, Pedrito me preguntó si todavía yo cargaba el peine en el bolsillo e inmediatamente le sacaba el peine del bolsillo de la camisa que tenia puesta. Se reía a carcajada.

Bueno Pedrito hoy a esta edad que tengo todavía cargo el peine en los bolsillos y tengo como cuatro guardado en caso que se me pierda el que cargo.

Para mí es un placer mencionar a Pedrito en este libro, no tanto por lo que me hacia, si no porque el fue un gran amigo de todas esas gente joven que vivió en Oritupano. Hoy día Pedrito vive en Valencia, Estado Carabobo y siempre llama por teléfono preguntando por todos nosotros y cuando viene de visitas siempre nos hace recordar la época de Oritupano.

Pedrito es el hermano mayor de Jesús, William y Hernán Díaz, los cuales yo menciono en este libro. Y sus padres Pedro Díaz Q.E.P.D, la Señora María de Díaz, Hermano mayor Rodulfo, Las hermanas Elena, Morelia y Mirna.

Otras de las personas que bastante dialogaba conmigo era José Enrique Lugo cariñosamente le decían "El Gordo" que de gordo no tenia nada. El Gordo fue un amigo de infancia que me ayudo mucho con su intelectualidad. El era o es un tipo muy inteligente, no tanto por lo que yo oía hablar de el como buen estudiante, sino que te hablaba con firmeza y naturalidad, el cual yo siempre le admiraba.

El Gordo y Yo siempre dialogábamos de la vida, de deportes, de caballos sobre todo, de muchachas, de películas, los diálogos entre nosotros no eran comunes de muchachos, si no de hombre a hombre. Como les dije anteriormente lo admiré bastante, hoy día todavía cuando lo veo en las calles de El Tigre, nos saludamos con respeto y cariño. Les puedo decir que para mi José Enrique Lugo fue una de mis escuelas en lo personal.

La familia del Gordo esta integrada por su padre el Sr, José Ramón Lugo quien era soldador de la compañía Texas Petroleum y su madre Ramona de Lugo (que por cierto fue una persona conocida por toda las gente de Oritupano, ella jugaba y le tomaba el pelo a casi todos en el campo). Sus Hermanos José Ramón, Magalys, Rosa Bestalia (la china), Omar y Perucho. Una de las características sobresaltante que tenía el hermano mayor del gordo José Ramón era que vivía borracho casi todos los días.

Al lado de la familia Lugo Vivían los Núñez que de ellos no puedo hablar mucho porque no tuve contacto suficiente, con el único con que yo jugaba algunas veces era con Liquillo y Andrés Eloy. El resto de la familia estaba integrada por los Padres: Eutolgio Nuñez y Cecilia de Nuñez, sus hijas: Miladys, Arelys (se encuentra viviendo en Los Estados Unidos desde hace mucho tiempo), hijos: Elio, Oswaldo y Miguel (Didi). Recuerdo haber jugado pichas y trompo con Luis (Liquillo), a veces estaba con nosotros Andres Eloy, pero observando nada mas. El que perdia jugando pichas siempre le daban bastante quiñes en los dedos y el Liquillo era uno de ellos.

Otras de las familias que vivía muy cerca de nosotros era la familia Garcia, El señor Rigoberto Garcia y la señora Lourdes de Garcia. Sus hijos: Rigoberto (Junior), Leobaldo, Nelson y Wilfredo (Chino) y las hijas: Zuly y Mirian. Con quien yo tuve mas contacto fue con Leobaldo, estudiamos juntos y jugábamos bastante.

Estas dos familias también fueron parte fundamental de los grupos familiares de la gran familia de Oritupano.

LAS CARRERAS DE CABALLOS

En Oritupano se jugaba mucho en las carreras de caballos, en los años Sesenta. Yo no jugaba porque era un menor, pero sabia bastante de caballos de carreras, conocía a todos los pura sangres buenos de la época, el pedigrí, donde habían nacido y otros. La mayoría de esos caballos buenos eran importados y pocos criollos como: Victoreado, Socopo y Velika. Entre los importados: Chateubriand, Rajador y otros.

Las carreras de caballos eran sábado y domingo en el Hipódromo la Rinconada de Caracas. Cuando llegaba el día martes, yo estaba pendiente de comprar o quien había comprado la Gaceta Hípica. Después de estudiar las carreras los apostadores me preguntaban cual era el caballo que me gustaba a mí en las competencias. Yo les daba los ganadores, no todo el tiempo pero si en su mayoría. Recuerdo al Sr. Beltrán Núñez (Q.E.P.D), Rosario "Mandinga" ó "treinta y tres" siempre tenían las Gaceta Hípica lista para enseñármela.

Con quien si compartí bastante de Caballos fue con Iván Machado, nos poníamos a leer la Gaceta Hípica o la Fusta. Allí empezábamos a ver que caballos tenían más posibilidades de ganar ese fin de semana. Y no tanto eso si no que sabíamos quien era el padre y la madre de los caballos (el pedigrí), donde nacieron y quien eran los propietarios o sea sabíamos de todo acerca de caballos.

Iván siempre me demostraba como se montaba un caballo, el se montaba en la camioneta de mi papá y en las barandas tubulares de la camioneta Ford pick-up 1958, empezaba a jinetearla me sorprendió diciéndome "Goyito algún día voy a ser un jockey". Bueno yo le creí, porque todo lo que hablábamos era de cuando el sea un Jockey.

Iván Machado más tarde se convirtió en jockey profesional. Empezó en el Hipódromo de Ciudad Bolívar, luego fue al hipódromo de la Limpia de Maracaibo, mas tarde paso a Valencia y luego termino en la Rinconada de Caracas. Fui varias veces a visitarlo y verlo jinetear pura sangres de carreras.

La primera vez que lo vi montado en un caballo de pura sangre de carrera fue en Maracaibo. El me enseño la caballeriza donde estaban los caballos y luego me paseo por los establos, quedé muy impresionado.

Para mí fue una experiencia muy bonita, llegar a ver pura sangre de carreras y como era el mantenimiento de estos caballos. Las carreras de caballos era el pasatiempo más importante de mi niñez.

Lo que si les puedo decir que nunca tuve la suerte de ver ganar a Iván Machado una carrera, pero si verlo llegar segundo y tercero.

También cabe destacar algo que es muy importante en hipismo, el estilo de Iván machado era de clase, como ustedes lo van a ver en las fotos en la página siguiente.

Hoy día Iván machado está retirado de las carreras de caballos. Casado con Fatima Clarct de Machado, Sus hijas: Fatima y Caridad.

Para mí es un placer y orgullo hablar de otros de mis mejores amigos de esa niñez y con quien yo compartí bastante tiempo y sueños en esa época de los sesenta en Oritupano.

A un cuando estoy en Los Estados Unidos y voy a las carreras de caballos en una ciudad llamada Grand Island, Nebraska, a mi familia siempre les hablo de Iván Machado y todo lo que él me enseño acerca del mismo.

En una de sus carreras

En traqueos

LOS AMIGOS DE MIS PADRES

Mi papá y mi mamá tenían bastantes amigos en Oritupano, pero les voy a relatar las anécdotas de los pocos que recuerdo. Entre ellos estaba Oswaldo Díaz "Superman" ó "El Kiluo" era buen compañero de mi papá, siempre salían a echarse palos, pescar y cazar. Lo llamaban Supermán porque tenía un cuerpo atlético, siempre estaba disponible para pulsear con quien sea. Pero cuando andaban juntos y medio pelao no había hombre que se parara a echarle bromas, andaban siempre dispuestos a echarle piña a todo el mundo.

Hoy día Superman vive en El Tigre, siempre lo veo por allí, ya un poco mayor, pero todavía sigue manteniendo ese cuerpo atlético que lo caracterizo a pesar de su edad.

Es tanto así que hace unos meses atrás, Superman ya mayor le dijo a un muchacho que estaba hablando conmigo, que el fue amigo de mi papá, el mucho le pregunto que cuantos años tenía y le contestó voy cumplir 70. El tipo se quedo mirándome y le dije es cierto. "Este señor parece más joven y a un conserva su cuerpo atlético" dijo el muchacho.

Otro de los amigos era el Señor Pastor, caramba éste también era del clan de mi papá junto a Superman, a veces se desaparecían hasta por dos días echándose palos por Mis Aidas y Morichalote, dos pueblitos cerca de Oritupano. Estos pueblitos eran aptos para la rumba todo el tiempo. Recuerdo que el señor Pastor era una persona tranquila sin palos y con palos, el era como el guardián de mi papá.

También recuerdo mucho al señor Amílcar, después que venían de trabajar se veían en el Club Social de los trabajadores de Oritupano, amanecían jugando ajiley y dominó. Mantuvieron esa amistad para siempre tanto en lo social como en el trabajo.

Algo que recuerdo mucho entre la amistad de mi papá y señor Amílcar eran el intercambio de las novelas vaqueras, el cual los dos leían todo el tiempo cuando estaban libres. Me dijo su hija Marbelia que el señor Amílcar tenía una colección de estas novelas vaqueras.

El señor Amílcar que Dios lo tenga en descanso. Fue un gran amigo de mi familia. La familia del señor Amílcar esta integrada por su esposa Rosa de Vásquez, sus hijas Maritza, Marbelis y Eloísa y sus hijos Amílcar y Julio.

También recuerdo a otras personas amigos de mi papá como el señor Sixto Rodríguez (Q.E.P.D). El negro García, como cariñosamente lo llamaban (Q.E.P.D), compadre de mi papá, el era el padrino de mi hermano Carlos González.

El Negro García se ponía a hablar conmigo como de hombre a hombre (yo tenía alrededor de 7 años), Me contaba de todo, del trabajo, de fiesta, de caballos de carreras, de deportes etc. El señor negro tuvo un hijo que lo llamó José Gregorio, como yo. El y su esposa María decidieron que le bautizara al niño, que con mucho gusto lo hice, yo tenía como 10 años. Sus hijas Ivone, es una persona que quiero michisimo, es como una hermana para mi y Vilma (Q.E.P.D). Mas tarde tuvieron otro hijo: Jean.

Sinceramente estas dos extraordinarias personas fueron para mí como mis segundos Padres, yo compartí mucho con ellos. Su casa era unos de los lugares favoritos mío. Veía televisión en blanco y negro (en mi casa no teníamos televisor) y por supuesto la mejor parte eran las comidas que preparaba la señora María, bueno eran muy exquisitas. Todavía antes de morirse hacia sopa y me invitaba a comer, cuando yo pasaba por su casa en El Tigre.

Para mí es un gran honor nombrarlos a ellos en este libro. Ellos fueron dos excelentes padres. Que Dios los tenga en descanso.

La Señora María y el Negro García

El señor Francisco Pineda y la esposa Cirila de Pineda eran y todavía son muy buenos amigos de mis padres. Yo recuerdo en los Diciembres, el señor Pineda comenzaba todo el tiempo la parranda navideña, este señor llevaba en la sangre las fiestas y los momentos placenteros. Recuerdo como si fuera ayer, cuando yo era un niño una de las fiestas en su casa, que duraba casi toda la noche. En unas de esas fiestas navideñas cuando me desperté, estaba yo durmiendo con unas de sus hijas "Yadira" que por supuesto era mi amiga y mi contrincante en los estudios. Esas fiestas Decembrinas no recuerdo muy bien a que hora terminaban, lo que si era verdad que eran largas y buenísimas.

Otra de las fiestas placenteras eran las de Carnaval. El señor Pineda empezaba el bochinche mojando a mi mamá, porque el sabia que mi mamá lo que esperaba era un toque, o alguien que la incitara a jugar.

El se escondía detrás de la casa, cuando mi mama estaba en la cocina y si mi mama se movía hacia el comedor el también se movía a un lugar mejor para que mi mamá no se le escapara y cuando yo lo veía me hacia señas de que no dijera nada y yo como sabia del bochinche no decía nada.

Cuando mi mamá decide ir para fuera no se esperaba que estaba el señor Pineda estaba esperándola, y le zumbaba aquel latazo de agua, más vale que no, el bochinche se prendía, eso era agua, comida, pintura de labios que se echaban los dos, una vez que se cansaban echarse patuques venia lo bueno. Se iban a otras casas a seguir el bochinche.

Se iban a la casa del señor Velardes "El Paisa" y la señora Nilda que también era bochinchera, La señora Nilda era peor que el señor Pineda jugaba con lo que consiguiera, y de allí se iban a otras casas a jugar como la de la señora María y el Negro García, la casa del señor Pineda y otras que no recuerdo muy bien.

El señor Pineda es un gran amigo y una persona jocosa. A pesar de la distancia mi mama y nosotros lo recordamos siempre.

La familia del señor esta integrada por Aleyda, Yesenia, Yadira, Nohemí y Franco que lamentablemente falleció hace unos años atrás.

Otras de las familias que siempre recuerdo era la del Sr. Sequera y Dolka de Sequera, ellos eran una familia muy privada el cual no compartían con todo la gente que vivían en Oritupano, pero si les puedo decir que ellos eran una buena familia, sus hijas Raquel, Marisol y Yesenia.

La señora Dolka era una de las que me daba real para jugar Bingo en el Club Social de Oritupano. También les puedo decir que era buena cliente de mi mamá, cuando mi mamá vendía ropa y vivía en El Tigre, yo le iba a cobrar semanalmente ó quincenalmente. A veces yo me regresaba a El Tigre solamente con los diez Bolívares que la señora Dolka me pagaba.

ÉPOCA ATLÉTICA

Cuando yo tenía como seis años, yo no tenía la mínima idea de lo que era correr. Un día mi tío Juan Bautista García (Tito), me preguntó si quería correr con Polaco (Carlos Castro) conocido también como "El Copiro". Yo pensando la cosa me fui para la casa donde estaba mi papá durmiendo, para decirle lo de la carrera, era la única forma para controlar mis nervios. El estaba acostado en un chinchorro y sus palabras fueron. " José tu realmente quieres correr con Polaco? yo le respondí que no estaba seguro, el me dijo: "bueno, piénsalo". Al final me decidí correr, pero no le dije nada a mi papá. Me fui para el Club de Oritupano donde estaba mi tío, esperando por mi decisión. Le pregunte "donde estaba el polaco", él dijo "esta allí esperándote". Bueno la salida era en el Club y había que darle la vuelta a la plaza y regresar al club. Aproximadamente como 400 metros.

Se da la salida y el polaco sale con toda velocidad y yo iba reservando fuerza para el remate final, me sacó como 10 metros, yo veía que la carrera se me estaba poniendo difícil, debido a la ventaja que me sacó al momento de la partida. Cuando El Copiro estaba dándole la vuelta a la plaza para ir a la meta empecé a correr duro y mas duro, pero veía que estaba lejos, pero si me di de cuenta que el estaba volteando a verme por donde yo venía, y pensé que ya el Polaco estaba cansado, y le di mas duro, cuando faltaba como 30 metros cerca del obstáculo para llegar a la meta ya tenía al Polaco agarrado y antes de pasar el obstáculo, pasé al polaco, luego el se reventó se paró por completo; Le gané esa gran carrera, que de paso era la primera gran carrera de mi vida atlética.

Mi tío Tito me felicito y me dijo: "Yo te dije que tu le ganabas al Polaco". Entonces fui al cuarto de mi papá y me preguntó que había decidido con respecto a la carrera, le dije: Corrí y le gané, el respondió, "bueno te felicito mi atleta, tus decisiones yo las respeto".

La gente de Oritupano, quienes vieron la carrera me felicitaban y me decían Campeón! Yo aprendí algo en mi vida, que no sabía que yo tenía condiciones atléticas ocultas, gracias a mi tío Tito que me prendió el bombillo del atletismo.

Más tarde, ya viviendo en El Tigre competí en los Inter Escolares de Atletismo para la Grupo Estadal Estado Trujillo, quedamos campeón. Salí en las pagina central de la revista deportiva nacional para ese tiempo" Sport Grafico". Luego representé al Liceo Pedro Briceño Méndez, al Estado Anzoátegui y a Venezuela en competencias Nacionales e Internacionales, como corredor de 100 metros planos. Cuando estudiaba en Los Estados Unidos representé al colegio donde estudié ingles (Doane College) en competencia bajo techo. Allí corrí 60 yardas dash. O sea esa carrera de Oritupano me trajo bastante fruto en mi vida atlética y personal.

En esta foto yo tenía como 7 años, más o menos cuando
corrí con polaco (Me veía débil, pero con un corazón fuerte).
Yo estaba parado detrás de la camioneta Ford 1958 de mi Papá.

Otros de mis juegos favoritos era el softball; lo aprendí viendo a los equipos que jugaban en Oritupano, como eran los Rojos y los Verdes (todos trabajadores petroleros) Mi papá jugaba para el equipo de los Verdes. Recuerdo una de las madrinas preciosa como era Brunilda Malavé (Q.E.P.D). Lamentablemente murió en un accidente de transito ya viviendo en El Tigre.

Después que los juegos de softball terminaban, me quedaba practicando y siempre tenía unas admiradoras en las gradas, viéndome, ellas eran Yoleida y Belkis Morales. Ellas eran las únicas admiradoras que yo tenía cuando practicaba, Vivian detrás del estadio. Poco a poco fueron haciéndose mis fanáticas favoritas.

Cuando jugaba softball yo veía para las tribunas para ver si estaban ellas allí, y justamente allí estaban las dos muchachas. Cuando las veía me ponía nervioso y yo pensaba: "ahora tengo que jugar mejor".

Siempre estaban gritando "Vamos Goyito" cuando pegaba un hit ellas se volvían loca y escuchaba "Corre Goyito". Ellas me daban mucho aliento para jugar pelota, estas dos preciosas hermanas fueron y siguen siendo mis amigas del alma, especialmente Yoleida que a un mantenemos contacto hoy día. Yoleida a un conserva su belleza y elegancia que la caracteriza, que Dios la guarde.

El papá de Yoleida y Belkys era el señor Jesús Morales (enfermero) de la clínica privada y su mamá la señora Lucrecia de Morales, sus hermanos Néstor, Orlando, Omar y Arelys (ella era una preciosura de mujer, una de las chicas mas linda que vivían en Oritupano). A mi me gustaba muchísimo, el cual me conformaba solamente con verla.

El señor Jesús Morales (Q.E.P.D) y la señora Lucrecia me tenían mucho cariño, me brindaron mucha confianza, sus hijas me llevaban a su casa y siempre me trataron como un hijo más.

A un cuando ellos vivían en El Tigre, nosotros salíamos a todas partes juntos, mas que todo a fiestas. Vivíamos en un solo bonche.

Siempre conservando el Respeto, Confianza y Hermandad que me brindaron. Por eso aun hoy día mantenemos buen contacto. Ellas también viven del recuerdo de esa época en Oritupano. Cuando le escribí a Yoleida acerca de este libro se entusiasmo muchísimo y me dijo Goyito por fin alguien de nosotros va escribir de esos bonitos tiempo vivido en Oritupano, Que fueron de lo mas lindo!

Algunas veces me pongo a pensar (Por eso fue una de las razones que yo escribí este libro, de esa época tan linda, de tantas gente buena y honesta que vivían en ese campo petrolero), y tener un poder para regresar el tiempo, y volver a esa infancia tan bonita vivida con mis amigos y amigas. Y por supuesto con el resto de todas esa buena gente de Oritupano.

GUIBIMBA

Este era mi lugar favorito para pasear y por supuesto el de mis hermanos. Guibimba queda como a una hora de Oritupano aproximadamente. Era un campo muy bonito, había dos formas de llegar allí, una por el lado oeste de Oritupano, donde había que pasar el puente Los Caracas y otra vía que era por el sur por la carretera que conduce hacia las colmenas. Había que pasar un río, era el lado mas excitante, porque mi papá pasaba su pick-up Ford 1958 por el río con todos nosotros montados, algunas veces nos bajamos antes de cruzarlo, y era mas interesante porque corríamos cerca de la pick-up dentro del agua del río como compitiendo.

Recuerdo cuando pasábamos el río y nos montábamos en la camioneta, mi papá se estacionaba y hacía que mis hermanos mayores Alberto y Carlos corrieran detrás de la camioneta hasta llegar a la casa de Serafina en Guibimba, siempre el que llegaba corriendo era Carlos. Porqué Alberto se cansaba en la mitad del camino.

Cuando llegábamos a la casa de Serafina, ella estaba preparada y siempre tenía algo de comer, después de las comidas tenía algo mejor dulce de leche. Mi papá salía con el esposo de Serafina, el señor Rafael a cazar y siempre traían casería (sobre todo Venado).

Para mi ir a Guibimba era maravilloso, había chinchorros y dormíamos a fuera, colgando entre las matas de mangos. La noche se tornaba interesante como no había luz eléctrica, solamente lámparas de kerosén. Luego mas tarde en la madrugada las lámparas se apagaban. Empezaban a echar chistes de todas clases entre ellos de terror y por miedo, yo me iba a dormir con alguien en el cuarto de la casa.

A veces las noches eran fría, como también caliente. Pero se dormía sabroso.

Había siembra de maíz detrás la casa que era un farallón el cual nosotros pasábamos todo el día jugando (mis hermanas Darcy y Aurelia y hermanos

Chucho y Alfredo) entre las matas de maíz, mangos y otras. También veíamos los diferentes tipos de pájaros volando.

Como todos sabemos que el tiempo de lluvia es muy fastidioso e incomodo para salir a viajar, pero para ir a Guibimba este era uno de los mejores tiempos de visitarla, porque toda la vegetación se ponía verdecita y los árboles frondosos y bonitos.

Aunque la carretera era de tierra y monte e intraficable, nosotros disfrutábamos de esta, por los pozos de agua y las sanguijuelas que había en dichos pozos. A medida que nos íbamos acercando a la casa de Serafina se ponía peor la carretera, pero al mismo tiempo el paisaje verdoso se iba intensificando y nos entreteníamos viéndolo.

Aquello era muy sano, salíamos al frente a jugar y correr, se respiraba aire puro, se volvía uno loco, de estar en la sabana. Nos escondíamos en los platanales verdoso, el cual sus hojas eran larguísima y observábamos el bello atardecer y la noche caer.

Cuando teníamos que irnos era siempre una tristeza, pero siempre con la esperanza de regresar y siempre así lo hacíamos. Mi papá siempre nos llevaba porque sabía que era el lugar favorito de nosotros.

Lamentablemente Serafina falleció hace muchos años en El Tigrito, como también su esposo Rafael. Sus hijos Ramón, Amadeos y Rafael Junior, sus hijas María y Abigail que actualmente viven en El Tigrito también.

RÍO ORITUPANO

El Río Oritupano se encuentra aproximadamente a cuatro kilométricos del Campo Oritupano. Allí está un puente el cual comunica a Miss Aidas, Morichalote, Los Caracas y los pueblos circunvecinos con el Campo Oritupano. Este río fue para nosotros los que vivimos en este campo un centro de atracción, no tanto por las matas de mangos y sus aguas cristalinas y acogedoras, si no que era algo espectacular en el tiempo de lluvias.

Primero, era cuando estaba lleno de agua, la gente se metía a pescar y pasaban bastante pescado grande, que se ponía a competir para ver quien sacaba el más grande, recuerdo que había bastante Rayado, este era un pez inmenso. Lo mismo que Bagres y otros peces que no recuerdo los nombres.

Segundo, habían bastante Culebras de Agua (pequeñas), yo las vi pasar pero nunca cerca de mi. Lo que si veía era una culebrita delgadita de color verde guindadas en las matas de mango, esas tenían aproximadamente como tres metros. Eran tan verdes como el color de las matas de mango, que a veces nosotros (mis hermanos) me tenían que decir "cuidado Goyito allí hay una culebra guindada al frente tuyo" yo no las veía. Pero esa culebra no hacía daño.

Tercero, esta era la parte mas emocionante como las crecidas del río Oritupano, que a veces el agua sobrepasaba el puente y no se podía pasar con carro, si no con una lancha. Nosotros los Oritupanenses (para ponerle un nombre al grupo de gente que vivía allí). Íbamos caminando desde Oritupano hasta el río a ver los carros que intentaban pasar, los camiones de la compañía y por supuesto cuando transportaban a la gente que venían del otro lado por medio de la lancha.

La lancha era un espectáculo para todos los muchachos que vivíamos en Oritupano, la lancha la piloteaba el señor Carlos Camero. A veces se ponía a dar es vueltas como en las competencias que iban dejando la estela de agua, el cual parecían un espectáculo.

Yo recuerdo que a veces a nosotros nos agarraba el río desbordado del otro lado y mire que yo me ponía nervioso, por que veces se podía pasar con carro y mi papá en su Ford 58 pasaba poco a poco y el agua estaba casi encima de nosotros.

Como otras veces teníamos que esperar a la lancha el cual esa si era la parte buena, porque nosotros gozábamos cuando nos montábamos en la lancha. Entonces tocábamos el agua con los dedos, pero siempre con precaución.

Había desborde del puente que el agua llegaba hasta arriba de la pendiente (El cerrito) que conducía hacía Miss Aidas. Esa si era una panorámica tenebrosa, donde se podía apreciar las fuertes corrientes del agua, que arrastraba palos de madera, árboles y otras cosas que se encontraba el río en su cauce. Como les de decía era bastante tenebroso.

Los tiempos de lluvias era algo espectacular para nosotros y todo por ver lo que pasaba en el Río Oritupano. Fueron recuerdos que todavía persisten en mi mente, como si hubiera sucedido ayer.

Recientemente cuando fui a tomar las fotos a Oritupano, estaba lloviendo y eso me trajo a uno más recuerdos de aquellos tiempos vividos en ese lindo campo Petrolero.

Ahora los invito para que aprecien estas fotos para que se recuerden esos tiempos de niños, jóvenes y adultos en nuestro querido Oritupano.

Fotos del Río Oritupano

Esta foto es el lado derecho cuando vas hacia Oritupano

Este es el lado izquierdo vista desde el puente vía hacia Oritupano.

ESTACIONES PETROLERAS

Como todos nosotros sabemos los que vivimos en Oritupano, que es este era un campo petrolero, por lo tanto esa fue la razón por la cual nuestros padres vivieron allí. Pero una de las cosas que nos llamaba la atención eran las Estaciones Petroleras que rodeaban a Oritupano y hoy día todavía están.

Recuerdo que mi papá cuando trabajaba en el Departamento de Producción como chequeador de las estaciones petroleras, siempre me llevaba en los fines de semana al trabajo con él, bueno cuando él estaba de guardia. Por eso voy a citar aquí unos momentos interesantes pasados en las Estaciones.

Una de las estaciones que mas recuerdo me trae era Junta -12, esa fue la primera estación el cual yo aprendí operaciones reales de producción, como chequear los tanques, achicarlos y prender los motores de bombeo. Tenía alrededor de 8 años.

En Junta-12, cuando ni papá me dejaba achicando los tanques, me explicaba el procedimiento muy bien, porque la responsabilidad era muy grande, pero lo bueno fue que el siempre confió en mi. El se iba a otras estaciones a chequearla y me dejaba a mí con el trabajo que ya me había explicado. Después de achicar los tanques me mandaba a prender las maquinas, el cual ya yo me sabía de memoria.

Al regreso me preguntaba que si todo estaba listo y el chequeaba una vez mas y así era.

Recuerdo que algunas veces yo terminaba mi trabajo y mi papá no aparecía, entonces pasaba el señor Amílcar Vásquez ó David Moreno, y preguntaban ¿Goyito como va todo? Y les respondía muy bien, ya terminé mi trabajo y estoy esperando a mi papá, Ellos me respondían, "esta bien goyito, estamos chequeándote" "Ya Jesús viene" "el está en la Leona" les respondía está bien yo lo espero aquí en el sitio que el me dijo que lo esperara, que era siempre junto en la sombrita de atrás del primer tanque a la derecha, reflejado en esta foto.

Esta es Junta – 12 (Actualmente)

Otra de las estaciones que siempre me gustaba era las que estaban cerca de Oritupano, quizás era porque estaba al lado del campo, esa estación era mas grande y mas compleja, siempre tenía problemas con esta, a veces las motores no los prendía como era debido, en esta mi papá no me dejaba solo. Una vez de tanto tiempo de aprendizaje, mi papá me dejo solo por 20 minutos y me dijo "si no puedes prender esa maquina, espera que yo regrese" y le contestaba okay. Pero me arriesgue, era como las diez de la noche y me decidí a prender el motor y por fin lo pude hacerlo, entonces mi corazón latía fuerte de la emoción y de lo asustado por la bulla del motor en plena noche, entonces rezaba para que mi papá regresara rapidísimo, bueno y allí estaba él, me preguntaba estas bien? Le decía que sí y emocionado porque había prendido el motor. La respuesta de el era la de siempre, que sabía que yo lo iba hacer.

Cuando nos íbamos de regreso a la casa me preguntaba que si estaba asustado, y le respondía que si, muy asustado. El me preguntaba Porque? Yo le decía por la oscuridad y los muertos, se volteaba a mí y preguntaba que muerto? Eso no existe. Lo que existen son los vivos, le contestaba que también estaba asustado por los vivos, que algún ladrón podría estar escondido entre los tanques, y el se reía, me decía bueno hijo lo hiciste muy bien.

Esa estación era una de mis favoritas; Pero no como Junta-12.

CLUB CENTRO SOCIAL
DE ORITUPANO

El Club Social de Oritupano era el lugar preferido de todas las gentes que vivían en este Campo Sur de los obreros Petroleros que trabajaban para la Texas Petroleum Company, C.A.

Se hacían bastantes actividades sociales y una de ellas era las fiestas Decembrinas. Casi toda la gente se reunía y adornaban el club. Había variedades de juegos para los niños, esto es algo muy importante y bonito lo que hacían los padres por nosotros. Digo esto porque hoy en día se ha perdido bastante esa tradición.

Las reuniones, juegos y otras diversiones con los padres hacían que estas actividades se desarrollaran en completa normalidad en paz y unión. La verdad que esto era algo imborrable para nuestras memorias, digo esto porque hoy día cuando nos reunimos los Oritupanenses hablamos de esas fiestas en el Club de Oritupano.

Otra de las actividades allí desarrolladas eran las películas en blanco y negro de los años sesenta, sobre todo las películas Mejicanas, como por ejemplo: La lucha libre con protagonistas como el Santo "El Enmascarado de Plata" Blue Demon y otras.

No me digan de las películas con cantantes y vaqueros Mejicanos: Javier Solís, Antonio Aguilar "Su Caballo Palomo" Luis Aguilar, Jorge Negrete, Pedro Infante (El favorito de las mayorías), Libertad Lamarque. Rocío Durcal "Amor en el Aire", Julio Alemán y Tere Velásquez "Me ha gustado Un Hombre", "La vuelta al Mundo en 60 Días" esta era una de las primeras películas a color que recuerdo. "El Mundo esta Loco, Loco, Loco" Quien no recuerda al Gran Cantinflas (Creo que nosotros vimos casi todas las películas de Cantinflas para esa época), Resortes, Jerry Lewis Etc.

Nosotros siempre estábamos a la expectativa para ver que película se presentaba en esas semanas. Le preguntábamos a Marco Luis (Era el encargado de proyectar las películas), cual era la próxima película, a veces nos decía con seguridad y otras veces no. Muchas veces nos dejaba en incógnita diciendo: Por allí viene una tremenda película, pero no se los voy a decir. Marcos Luis siempre trataba de proyectar buenas películas.

Otras de las actividades que se realizaban en el club eran los juegos de Bolas Criollas, eso era un espectáculo ver jugar los equipos Rojos y Verdes. (No me pregunten quienes lo conformaban, porque siempre variaba).

Entre otras actividades podemos mencionar El Pool, Billar, las Peleas de Gallos, Domino, Ajiley, y mi juego favorito "El Bingo". Me encantaba jugar Bingo, porque siempre ganaba. Recuerdo que la señora María de García semanalmente me daba real para que le jugara un cartón, normalmente yo jugaba dos cartones el de la señora María y el mío por supuesto. Algunas veces la señora Dolka de Sequera también me daba real para jugarle un cartoncito.

Otro gran acontecimiento que pasaba en el club era cuando el Señor Jesús Velardes Cariñosamente conocido como "El Paisa" estaba encargado de la cantina del club. El llamaba a todos los niños que se encontraban en ese momento allí a salir hacia fuera al frente del club y empezaba a tirar todos los mediecitos y realitos, aquello parecía una lluvia de real, todos los niños que estábamos presentes forcejeábamos para recogerlos. Sinceramente les digo que si recogí un bolívar (cuatro mediecito) fue mucho. Los muchachos más grandes no me daban chance.

El Paisa fue uno de las mejores personas encargadas del club, no tanto por el sencillo que tiraba, si no también porque cuando nosotros "Los niños" teníamos ganas de comer golosinas como galletas, chicles, chocolate y refrescos sin real, el paisa no los regalaba.

El señor Jesús Velardes "El Paisa" es una gran persona, el cual merece ser elogiado en este libro, porque fue y sigue siendo uno de los personajes importantes en esa época de Oritupano. Su esposa es Nilda de Velarde (Que en Paz Descanse), sus hijos Jesús "El chato", Julio y Mary.

El club tenia como anexo el comedor de los trabajadores petrolero, de este no les puedo contar mucho, porque pocas veces comía allí. Fue cuando nosotros nos mudamos para El Tigre y yo venia a visitar a mi papá.

Lo que sí recuerdo que una vez que los trabajadores terminaban de comer se sentaban a fuera a echar chistes y cuentos. Recuerdo un cuento del Señor Juan Pereira, siempre tenia unos chistes buenísimos, todavía recuerdo uno que decía así: Juan Pereira estaba soñando que se había resbalado por un farallón, entonces el trataba de agarrarse de una rama ó roca, y venia rodando hacia abajo, pero no veía nada donde agarrarse, cuando ya iba a caer al precipicio vio una rama, la agarro y se guindó, cuando estaba guindando en la rama esperando ayuda y sin nada que hacer y sintiendo dolor, en ese momento la esposa de Juan Pereira lo despierta, de repente Juan se despierta y le dice a la señora Marina (su esposa) "Gracias Marina por levantarme por que casi me mato"; "tuve una pesadilla" en ese momento se da cuenta que tenia los tres dedos de la mano derecha metido en el ano rompiéndose el trasero y entonces dijo "contrale Marina esa era la mata el cual yo estaba guindado".

Juan Pereira (Q.E.P.D) también fue y es un personaje de la familia de Oritupano, siempre tenia un chiste o anécdota. Ver a Juan era como alegrarse el día. Su esposa fue Marina de Pereira (Q.E.P.D) mas adelante relato los tiempos compartidos con ella en Oritupano, sus hijos Alexis y José Gregorio Pereira.

EL PUENTE DEL RÍO LOS CARACAS

Este Puente era un espectáculo para todo el que venía a bañarse en este río. Habían personas que se zumbaban desde arriba del puente y caía en el agua, era como diving. Una de las personas que yo vi por primera vez diving fue a mi papá. El daba dos vueltas en el aire y luego hacia el splash. Me ponía nervioso, pero luego me fui acostumbrando a verlo lanzarse desde el puente.

Así como nosotros familiarmente íbamos al río Oritupano, Guibimba, el puente del río Los Caracas, también fue unos de los sitios favoritos de nosotros. Ahora les voy a contar cuando mi abuelita estaba una vez bañándose con nosotros en el río Los Caracas. Ella supuestamente vio una culebra debajo del puente, justo donde mi papá caía cuando se lanzaba al agua. Ella salió corriendo diciendo que vio una culebra grandísima de agua, pero la gente se reía y le decía a mi abuelita que allí no habían culebras y de ese tamaño mucho menos.

Recuerdo que fueron dos veces que mi abuelita fue para el río Los Caracas y las dos veces vio a la supuesta culebra de agua. No era tanto que la veía, si no que pasaba cerca de ella, entonces ella se salía corriendo del agua. El tiempo fue pasando y las personas se bañaban en ese río, pero nunca vieron a la supuesta culebra.

Tiempo más tarde un trabajador petrolero iba en la camioneta de la compañía y vio la culebra atravesando el puente y esta cayendo al agua, el se paró a ver la culebra, pero esta se perdía en el agua. El trabajador petrolero les dijo a los otros compañeros, entonces fue cuando empezaron a creer de que si había una culebra de agua. Había varias personas que veían la culebra de agua. Finalmente la culebra fue encontrada y medía como seis metros de largo. Era la misma culebra que mi abuelita veía todo el tiempo en el agua, pero nadie le creía.

NAVIDAD EN EL CAMPO
SUR DE ORITUPANO

La navidad era la mejor época de festividades del campo, yo creo que desde el primero Diciembre hasta el 1ro de Enero del año siguiente era fiesta todos los días.

El mejor recuerdo era el día 25 de Diciembre, después que el niño Jesús, nos ponía los regalos de navidad. Aquello era realmente maravilloso, ver a tantos niños y niñas jugar con sus diferentes regalos como bicicletas, carritos, pelotas, muñecas etc. Todavía aun escribiendo estas letras, me parece como si estuviera viviendo aquellos momentos de felicidad,

Era realmente como un sueño vivido, era una unión en todos los muchachos y muchachas de esa época en Oritupano. Las aceras del campo estaban llenas de muchachos y muchachas por los dos lados de la calle principal que conectaba las dos áreas del campo de obreros.

Como todo muchacho que éramos, los juguetes no duraban intacto mediodía, pero eso no era problema, porque nosotros teníamos un mecánico especial y esa era nada y menos que el gordito Jesús Díaz.

El se encargaba de reparar todos los juguetes (carritos, autobuses etc.) Los dejaba impecables. Él hacía unos carros de madera y lata de aluminio buenísimo, que a nosotros nos gustaba mas que los mismos carros que los padres de nosotros compraban y por supuesto estos carros hechos por Jesús eran mas duraderos.

Cuando pasaba la época Decembrina, como en Enero, Febrero y Marzo era la época de ensamblaje de Jesús Díaz. Tenía carros por encargo todo el tiempo. A veces pasábamos todo el día esperando por el carrito sea reparado por Jesús. La verdad que eso fue un tiempo que yo llamaría extraordinariamente imborrable.

En la Escuela Eduardo Viso también hacían actos culturales para la época decembrina. La presentación del nacimiento del niño Jesús era la mejor parte, recuerdo que la virgen Maria era Oralia Castro una preciosura de muchacha, uno de los reyes magos era mi hermano Carlos, el cual tuvo bastante problemas para presentar ese acto, porque a los reyes magos tenia que pintarle los labios con pintura de labios por supuesto, el se rehusaba que lo pintaran, la maestra habló con mi papá, entonces mi papá hablo con Carlos, el le decía a mi papá que el era un hombre y no se iba a pintar, finalmente aceptaron hubo un consensos entre las partes, Carlos se presento sin labios pintado al escenario, los otros si se pintaron los labios. De todas maneras fue una presentación excelente.

En el colegio estudiaba Angélica Gibson la hija de Gibson un americano que era uno de los representantes de la Texas Petroleum Company, C.A. Ella cantaba en ingles el Jingle Bell que es una de las canciones tradicionales Decembrinas en Los Estados Unidos de Norteamérica. Aquello fue fascinante escuchar a Angélica cantando la canción en ingles. Nosotros no entendíamos lo que decía la canción porque era en ingles, pero la voz de la americana hacia la canción bien bonita como también la música. Hoy cuando escucho la canción Jingle bell siempre la recuerdo a ella y a todos en Oritupano.

Después del acto venia la cena, el cual era buenísimo y no tanto eso que nos sentaban a todos los niños de Oritupano en una mesa larga donde cabíamos todos, luego servían la cena. Aquello era espectacular ver a todos lo niños comiendo juntos en una mesa.

El comportamiento de nosotros los niños era impecable. Estábamos vigilados por todas las maestras de la escuela mas nuestros representantes. Bueno nosotros los niños de esa época disfrutamos muchos y especialmente tuvimos una buena educación al comienzo de nuestras vidas escolar en la Escuela Eduardo Viso de Oritupano.

OTROS PERSONAJES Y ANÉCDOTAS

Otras de las personas que siempre recuerdo como les prometí era la señora Marina de Pereira que lamentablemente falleció hace unos cuantos años, madre de José Gregorio y Alexis Pereira. Cuando yo tenia tiempo libre en las tardes siempre me iba a la casa de la señora Marina, me ponía hablar con ella y después de dialogar como por una hora, venia mi pregunta clave: Señora Marina ustedes no van a jugar lotería hoy? Ella me respondía "Si Goyito mas tarde, primero voy a terminar de cocinar y luego nos vamos al frente en la casa del señor González Fariña o en la casa de los infantes" Yo le respondía "okay entonces espero, la espera era buena, porque yo terminaba comiendo en la casa de la señora Marina.

Cuando nos íbamos a jugar la gente se estaba acomodando para empezar el juego, cuando me veían que yo venia con la señora Marina todos gritaban "O no allí viene el Goyito" nos va a rufiar (dejar) sin dinero. Dicho y hecho yo llegaba con un real y me llevaba tres bolívares o mas de ganancia. Cuando me iba a retirar porque no quería jugar mas para no perder mis reales, yo le susurraba a la señora Marina en el oído "Me quiero ir" y me decía "esta bien Goyito" Entonces ella le decía a todas las personas que me retiraba. Ellos en una sola voz decían "Esta bien Goyito".

Yo me sentía muy mal pararme y salir ganando de allí, pero para ellos era lo mejor, porque así alguien mas iba a ganar.

Ellos siempre recordaban la palabra mía cuando ganaba "Parao" para decir gané.

Mi gran amiga de los juegos era la Señora Marina. Que Dios la Tenga en descanso. Ella fue buena madre, buena amiga y buena compañera. Es un orgullo mencionar a la señora Marina en mis Memorias de Oritupano, porque realmente se lo merece.

También recuerdo a los hermanos Celestino y Gabriel Correa (Correíta) que llegaron a visitar a Esner Carpio, el cual era el hermano de ellos procedente de Tucupido, Estado Guárico. Como todos sabemos Celestino Correa fue uno de los mejores toreros en Venezuela en la época de los 60, 70 y 80. Recuerdo claramente que Celestino Correa caminaba como si estuviera toreando con un estilo incomparable, ya la gente lo veía como un torero antes de ser torero.

Mi hermano mayor Alberto me contó que Celestino cuando salía con ellos a caminar por las afuera de Oritupano y se encontraban con ganados (Toros y Vacas), Celestino se quitaba la camisa y empezaba a torear y los muchachos se asustaban viendo la envestida de los toros hacia Celestino, el cual lo hacia muy bien, de acuerdo a mi hermano Alberto. Mas tarde Celestino Correa se fue a Maracay a la escuela de toreros y se formó como torero resultando unos de los mejores toreros de Venezuela. Luego Celestino Correa se fue a México y vivió allá por muchos años y regresó a Venezuela, lamentablemente Celestino Correa falleció de un infarto caminando en una de las calles en la ciudad de Maracay en el año 2008. Celestino Correa también fue fruto de Oritupano.

Su hermano Gabriel Correa (Correíta) dio también el salto a las corridas de toros, con Correíta yo si tuve mas contacto. Recuerdo que el me decía que el quería ser torero, y yo nunca le creí, porque nunca lo vi cerca de un toro. El me preguntaba entonces Goyito tu no crees que yo pueda ser torero? Yo le respondía, solamente si te veo toreando, pero tu nunca sales de las calles de Oritupano. Algún día me vas a creer cuando me veas en los periódicos. Mas tarde Correíta se convirtió en novillero, luego a torero. A él si le costo ser un torero, no tenia mucha suerte.

Los hermanos Correas fueron muy conocidos en Oritupano y nosotros la gente que vivía allí nos sentíamos muy orgullosos de conocer dos toreros que por suerte vivieron en este hermoso campo de Oritupano.

Quien no recuerda a Pipo Olivares era gandolero, fue un personaje que bebía ron casi todos los día, descansaba únicamente cuando estaba trabajando (Pienso yo). El fue muy conocido porque llegaba al club y lo primero que hacia era ir a la rockola y ponía el disco "Mauricio Rosales" de Antonio Aguilar a todo volumen. Ya la gente automáticamente sabía quien estaba en el club. Pipo Olivares murió no se sabe si fue el alcohol u otra enfermedad.

A Pipo Olivares yo le besaba la mano porque mi papá habló con el para que me echara el agua, el cual nunca lo hizo. Lo que si recuerdo que como padrino mío era buenísimo, porque siempre me metía real en los bolsillos, entonces yo decía más real para seguir jugando loterías.

Hablando de padrinos, después de la muerte de Pipo Olivares, mi papá habló con Rafael "chingo" Álvarez para que me echara el agua. Yo empecé entonces a besarle la mano al chingo Álvarez.

El tenía el comedor para las contratistas cerca de los taladros de Perforación y Rehabilitación. Mi padrino Rafael Álvarez falleció y tampoco me pudo echar el agua.

Su esposa Fanny de Álvarez procedente de Valle de la Pascua era su compañera de trabajo, muy trabajadora, una gran mujer y una buena madre. Siempre me brindaba el cariño, amor y confianza. Todavía hoy ella esta siempre pendiente de nosotros.

También se merece ser nombrada en este libro por ser una excelente persona. Sus hijos(a) son: Segundo, Jorge Luis, Juan, Carlos y Betania

Otras de las personas que también formaban parte de esta gran familia, la cual recuerdo eran los Carpinteros de Oritupano. La Carpintería quedaba detrás de las casas del Señor García y el señor Pineda. En esta Carpintería trabajaban el Sr. Heriberto León "El Maestrico" y los hermanos Armando y Francisco Girón.

Recuerdo que el Señor Girón tuvo un accidente donde su carro choco con un tubos en una curva y la cual todos se salvaron, pero como cosa del destino el señor Girón, su esposa y su hermano mayor (El Negro Girón) padecieron del mismo problema, o sea quedaron rencos (dificultad para caminar en una pierna).

El señor Francisco Girón mas tarde en su vida pasó a formar gran parte de nuestra familia los hermanos y hermananas Los González. Puedo decir con mucha responsabilidad que realmente nos sentimos muy orgullosos de él y darles las gracias por toda la ayuda y el soporte que nos dio. El señor Francisco Girón falleció en El Tigre el 28 de Abril de 2002.

MUDANZA A EL TIGRE

En el año 1968 nos mudamos para El Tigre, una de las razones fue que mis hermanos mayores estaban saliendo de primaria y Oritupano (Escuela Eduardo Viso) tenía hasta sexto grado. Yo entre a estudiar tercer grado en la Escuela Estatal Estado Trujillo frente al luchador de El Tigre, como también mis hermanos y hermanas. Mi papá continuaba trabajando en Oritupano y el cual viajaba hacia allá y regresaba cuando estaba libre.

En los fines de semanas yo viajaba para Oritupano, cuando mi papá se encontraba de guardia. A veces las semanas se me hacia largas esperando para ir a Oritupano y mas largas cuando mi papá no trabajaba los fines de semanas.

Bueno esos fines de semanas eran los mas placenteros y divertidos de la semana para mi. Encontraba a todo a todos mis amigos en su casas, y hacia todos los juegos y travesuras, de la cuales ya muchas se las he contado.

El autobús que viajaba para Oritupano salía de la parada que estaba al lado donde se encuentra actualmente El Diario Antorcha y luego se paraba en la otra parada en El Tigrito al lado donde estaba B.J. Services, C.A. Actualmente, allí hay una placita.

Yo salía de la escuela a las 12:00 PM del día viernes y a la 1:00 PM estaba listo para agarrar el autobús para ir a Oritupano. En esos fines de semana venía el autobús lleno porque la gente venia a comprar al mercado las verduras y a los abastos el resto de la comida que preparaban en la semana. Allí siempre yo veía a muchas gentes y empezábamos a hablar, echar chistes y el tiempo se me pasaba volando. Pero les puedo decir tambien que yo me llevaba todas mis tareas, los cuales las terminaba mas o menos en 80%.

Claro una de las cosas más importante que yo tenía era de estar con mi papá, entre ellas de ir a trabajar con el el fin de semana. Pero cuando mi papá estaba realmente ocupado con el trabajo y no me podia llevar con él, entonces me iba a jugar loterías, softball y caballos con todos los amigos y mis viejas amigas.

Durante esas visitas me invitaban a comer en todas partes, realmente la comida no me preocupada mucho. Ya que una de las cosas que yo hacia cuando iba a Oritupano era cobrarles las mercancias (Ropas) que mi mamá había vendido a algunas personas allá. Recuerdo que el mejor cliente que mi mamá tenía era la señora Dolka de Sequera, ella siempre me pagaba al menos la tarifa mínima que era 10 Bolivares en ese entonces. Y lo mejor del cobro era que ella me invitaba a comer al mismo tiempo.

Asi como la senora Dolka me invitaba a comer tambien lo hacia la señora María de García, Marina de Pereira, María de Díaz y otras.

La verdad que les puedo decir que no tuve tiempo de socializar en un 100 % en El Tigre, mientras tenia a todos mis amigos en Oritupano, una vez que la mayoria de ellos vinieron a vivir a El Tigre, ademas de la desaparicion de mi padre, fue cuando definitivamente decidi no viajar mas a Oritupano. En otras palabras "Adios Oritupano".

ADIOS A ORITUPANO

Fue bastante difícil para mí llegar a este último capítulo de mis memorias en Oritupano. Todos nosotros sabemos que las cosas buenas tienen su final aquí en la tierra. Pero también sabemos que algún día allá en el cielo todo estaremos reunidos con nuestros seres queridos y con mucha fe en Dios todo poderoso lo lograremos.

En este último capítulo les voy a contar mi relación con mi Padre y el porqué llegue a decirle Adiós a Oritupano mas detalladamente, después de tantas cosas buenas que yo viví durante mi niñez en este campo.

Primeramente, les puedo decir que mi Papá Jesús González Carpio, era un hombre físicamente fuerte, elegante e inteligente. Como Padre era cariñoso, amoroso y comprensivo, el siempre conversaba conmigo de hombre a hombre y hablábamos de muchas cosas tales como: De la vida, Familia, Deportes, Política, Etc. Las mejores lecciones o las más largas eran cuando yo lo acompañaba en el trabajo. Mi Papá era chequeador de pozos petroleros como ya les conté en capítulos anteriores.

Algunas veces, el iba manejando e iba pensando y no decía nada, la pick-up de la compañía continuaba rodando, yo lo veía y el no decía nada, entonces yo empezaba a cantar para romper el silencio. Después al rato el me acompañaba. Sus canciones favoritas era las de Carlos Gardel "Tango". Se reanudaban las conversiones, pero, les puedo decir que esos momentos de silencio no eran todo el tiempo.

Durante esas conversaciones, recuerdo mis primeras lecciones acerca de política. Entre ellas me habló de Marcos Pérez Jiménez, dictador en los años 50 en Venezuela. Me contó de las cosas malas y buenas que Pérez Jiménez hizo durante la Dictadura. En estos momentos, en esta época del siglo 21, yo comparo la Dictadura de Perez Jimenez donde habia mucha seguridad y todas la infraestructuras buenas que el hizo con la democracia en Venezuela, me doy cuenta que nuestra democracia viene bastante atrasada.

Mi Papá era un admirador de John F. Kennedy. Presidente de los Estados Unidos de Norteamérica a principio de los sesenta (60). Me conto que John F. Kennedy era un buen presidente, un gran hombre, pero fue asesinado en la cúspide de su presidencia el 22 de Noviembre del año 1963. Yo por mi parte he leído muchos libros acerca de él y he investigado acerca de su vida, de verdad que este Presidente era un buen hombre, si no lo hubieran asesinado el mundo hubiera sido diferente hoy día.

Yo lo escuchaba hablar de la Segunda Guerra Mundial, mas tarde yo le preguntaba que cuando fue eso, entonces me explicaba cuando empezó (1939-1945) y los países envueltos en esta guerra como por ejemplo: Estados Unidos, Alemania Rusia, Japón, Italia, Francia, Inglaterra y otros. Le preguntaba porque se llamaba la Segunda Guerra Mundial, y me dijo porque ya había una primera guerra. Entonces yo no quería complicarme la vida y disimuladamente yo murmuraba...huuu.... en otras palabra eso era muy profundo para mí.

Las mejores conversaciones con mi Padre eran acerca Beisbol, mi deporte favorito. Me hablo de todos esos peloteros de los años cincuenta (50) y sesenta (60) en Venezuela. Peloteros tales como: Luis Aparicio (Padre), Alfonzo Carrasquel, Víctor Davalillo, Cesar Tovar Etc. También escuchábamos la serie Mundial en las Grandes Ligas de Los Estados Unidos de Norteamérica.

Mi Papá era mi maestro favorito, el leía bastante Libros, Revistas, Periódicos, Novelas Vaqueras. El intercambiaba Las Novelas Vaqueras con el señor Amílcar Vásquez. Yo les hacia el cambio de novelas cuando yo me encontraba en Oritupano. Mi Papá siempre tenía conversaciones muy amenas. Con él fue que yo aprendí a leer periódicos, libros, revistas, Etc. Lo que no aprendí, o no me gustaba leer eran las Novelas Vaqueras.

Cuando tu estas cerca de una persona intelectual e inteligente como era mi Papá, con amplios conocimientos y mucho amor, siempre quieres estar con él, por lo tanto no es fácil dejarlo ir...........

ACCIDENTES

Mi Papá siempre tomaba vacaciones y nosotros íbamos a Valle de la Pascua, porque íbamos a ver a la familia de él y la de mi mamá, ya que los dos eran Valle Pascuense. En el mes de Junio del año 1968, mi papá tomo sus vacaciones y decidió ir Valle de la Pascua, pero esta vez sin todos nosotros, solamente Alberto mi hermano mayor. En este viaje lo acompaño su hermano Pedro González y sus hijos Arsenis y Argenis. Ellos vivían en Cantaura.

Después de estar ese fin semana en Valle de la Pascua, ellos deciden regresarse el domingo 09 de junio de 1968. Mi tío decidió salir temprano de Valle de la Pascua y venirse por El Tigre para luego ir a Cantaura, pero llegando a El Tigre cerca del restaurant y bomba de gasolina "El Oasis" tuvo un fatal accidente perdiendo la vida mi tío Pedro González y uno de sus hijos Argenis, el otro hijo Arsenis salió ileso. El accidente fue que el carro que manejaba mi tío se le metió por detrás a un camión. Recuerdo que había mucha confusión por el accidente, cuando le avisaron a mi mamá tuvo que ir al hospital a reconocer los cadáveres. Cuando mi familia decidió llamar a Valle de la Pascua para avisarle a mi papá sobre el accidente de su hermano, le dicen que mi papá tuvo un accidente también en Santa María cerca de Valle de la Pascua, bueno estos fue bastante confuso.

Mi papá tuvo el accidente a la misma hora 4:05 pm que su hermano, fue mucha coincidencia. El accidente de mi papá fue contra un gandola. Pero mi papá se vino solo sin mi hermano Alberto, porque mi abuelita Francisca (La mamá de mi madre) no lo dejo venir. Hubiera sido más doloroso si mi hermano Alberto hubiera venido con mi papá.

Mi papá en ese accidente perdió el brazo izquierdo, después que se mejoro volvió a la Compañía Texas Petroleum Co., pero esta vez no como chequeador de Pozos Petroleros, si no como Vigilante en el Portón Principal de la entrada en Oritupano.

Esos cambios para mi papá fueron fuertes como por ejemplo la muerte de su hermano y sobrino, la pérdida de su brazo izquierdo y el cambio de trabajo estuvo siempre en la mente de papá. El ya no era el mismo hombre fuerte, ágil e inquieto que yo conocí. El siempre me decía que su hermano Pedro le hacía mucha falta.

El año siguiente a finales de Noviembre y principio de Diciembre de mi 1969, mi papá se enfermó. El venía sufriendo de una Ulcera Estomacal, recuerdo como si fuera ayer, cuando él estaba en la casa de la Compañía en Oritupano, estaba acostado en el chinchorro donde el siempre dormía, y yo estaba acostado cerca de él y veo que él se paraba iba al baño y venia, entonces en unos de sus idas al baño yo lo oí vomitar, me pare cerca de la puerta del baño y le pregunte si todo estaba bien, el me respondía que sí. Al rato volví a escuchar los vómitos y abrí la puerta del baño, estaba vomitando sangre, una vez que dejo de vomitar lo limpie y durante el camino del baño al cuarto, se desmayó; Él era un hombre alto y fuerte y yo un niño de 11 años, pero antes que él se aporreara la cabeza yo metí mis manos y la cabeza reposo sobre estas. Entonces empecé a llamarlo Papá! Papá! Y veo que tiene los ojos volteados y continúe llamándolo Papá! Papá! veo que empezó a abrir los ojos otra vez, El me decía no te preocupes José que no estoy muerto.

Mi tío Tito estaba acostado en el otro cuarto nos ayudo bastante, el me ayudo a parar a mi Papá del suelo y luego fue a buscar la ambulancia a la Clínica. Al poco rato se apareció con la ambulancia el chofer y el enfermero. El chofer era Juan Pereira (El Compay). Todos esos momentos de desespero y tristeza fueron rapidísimo en cuestiones de minutos hasta que llegamos a El Tigre.

Dos semanas más tarde el 08 de Diciembre de 1969. Mi papá se preparaba para ser operado de la Ulcera Estomacal. De acuerdo a los doctores la operación del estómago fue un éxito, pero cuando a mi papá lo sacaron de pabellón falleció, quizás la operación fue muy fuerte y el no pudo aguantar o quizás su corazón no pudo mas después de tanta pérdida de sangre y dolor. En esa época de los sesenta la medicina no estaba tan desarrollada como la tenemos hoy día.

Después de la muerte de mi papá, le dije Adiós a Oritupano. Ya no tenía nada que buscar allí. No quería que el recuerdo me consumiera, hasta que decidí regresar otra vez después de 35 años para tomar unas fotos y escribir este libro.

Mi mamá con +- 30 años.

Esta foto (Mis Padres)
es única Tomada Oritupano.

Esta es una foto muy especial, aquí podemos a preciar a Brunilde
Malavé (La Madrina) en el centro; Del equipo de los Verdes y por
supuesto mi Papá (Jesús González). También están Beltrán,
Sequera, Marco Luís, Pinto y otros.

Fotos actuales del club y comedor de Oritupano.
Realmente esto da tristeza verlo, ya que allí hay muchos recuerdos
para nosotros los que vivimos en ese hermoso campo.

Esta es la casa donde vivimos nosotros (Los González)
en Campo Sur. Mantiene la misma forma original.
Foto tomada el año 2010.

Este era el tipo de casa en Campo Norte.
Foto tomada en el año 2010.

Estas dos fotos son mas sorprendente aun,
esta es la Escuela Eduardo Viso, la que nos formó a
muchos de nosotros y alcanzar las metas hoy obtenidas.
Foto tomada en el año 2010.

Esta era la Clínica de Oritupano,
esta si mantiene forma original intacta.
Foto tomada este año 2010.

Este era el Comisariato, todavía se mantiene
intacto y en funcionamiento.
Foto tomada este año 2010.

Los farallones, todavía sigue siendo un lindo paisaje.
Foto tomada en 2010.

Este era el Club Americano, Hoy día es una Escuela Bolivariana.
Foto 2010.

Esta es la Plaza Bolívar (Oritupano).
Foto tomada en el año 2010.

COMO VENEZOLANO QUE SOY Y CON MUCHO PATRIOTISMO, LE TENGO QUE DAR LAS GRACIAS A NUESTRO LIBERTADOR SIMÓN BOLÍVAR, POR SER EL PADRE DE NUESTRA PATRIA Y POR SER LA PERSONA RESPONSABLE DE HABERNOS REGALADO ESTE LINDO PAÍS. EL CUAL ESPERAMOS QUE CONTINUEMOS EN LIBERTAD PARA SIEMPRE.